INSTRUCTION PUBLIQUE.

FACULTÉ DE DROIT DE STRASBOURG.

ACTE PUBLIC,

SUR LES

DISPOSITIONS TESTAMENTAIRES;

*Soutenu à la Faculté de Droit de Strasbourg, Vendredi
13 Septembre 1816, à quatre heures de relevée,*

POUR OBTENIR LE GRADE DE LICENCIÉ EN DROIT,

PAR

P. M. J. DE L'AUBRUSSEL,

BACHELIER EN DROIT,

DE PONT-A-MOUSSON, DÉPARTEMENT DE LA MEURTHE.

STRASBOURG,

De l'imprimerie de Levrault, impr. de la Faculté de Droit.
1816.

A

LA MEILLEURE DES MÈRES.

COMME UN FAIBLE HOMMAGE DE MON AMOUR

ET DE MA RECONNAISSANCE.

DE L'AUBRUSSEL.

A

MON BEAU-FRÈRE,

MONSIEUR

LE COMTE DE CHOISY,

CHEVALIER

DE L'ORDRE ROYAL ET MILITAIRE DE S. LOUIS.

COMME UN LÉGER TRIBUT DE MON ATTACHEMENT

RESPECTUEUX.

DE L'AUBRUSSEL.

M. Hᴇʀᴍᴀɴɴ, Doyen de la Faculté, Chevalier de la Légion
d'Honneur.

EXAMINATEURS:

MM. Hᴇʀᴍᴀɴɴ,
    Fʀᴀɴᴛᴢ,   } Professeurs.
    Lᴀᴘᴏʀᴛᴇ,
    Sᴘɪᴇʟᴍᴀɴɴ, ... Suppléant.

*La Faculté n'entend approuver ni désapprouver les opinions
particulières aux Candidats.*

DES

DISPOSITIONS TESTAMENTAIRES.

~~~~~~~~~~~~~~~

INTRODUCTION.

Parmi les différentes manières de disposer de ses biens à titre gratuit, le *testament* est une des plus anciennes.

Cet acte peut être défini *la déclaration légale que fait un homme de ses dernières volontés pour la disposition de ses biens.*

Quelques auteurs, et entre autres Origène, ont fait remonter l'usage des testamens jusqu'au temps des premiers patriarches ; nous en avons même un recueil : mais les critiques regardent avec raison ces actes comme apocryphes. [1]

On ne peut nier du moins, d'après les textes précis des livres sacrés, que le testament ne fût en usage chez les Hébreux long-temps avant la loi de Moïse.

En effet, Abraham n'ayant pas encore de fils, se proposait d'instituer son héritier le fils d'Éliézer, son intendant. [2]

Ce même patriarche donna dans la suite tous ses biens à Isaac, et fit seulement des legs particuliers aux enfans de ses concubines. [3]

Le prophète Ézéchiel (chap. 46, vers. 17 et 18) parle, d'une

---

[1] Calmet, Dictionn. histor. et crit. de la Bibl. *verb. Testament.*

[2] Genèse, chap. 15, vers. 2 et 3.

[3] *Deditque Abraham cuncta quæ possederat Isaac ; filiis autem concubinarum largitus est munera* (cap. 25, vers. 5 et 6 ibidem).

1

manière encore plus précise, du pouvoir que le Prince avait de disposer de ses biens : *Si autem dederit legatum de hereditate sua, universorum suorum erit illius usque ad annum remissionis, et revertetur ad Principem.*

Les Hébreux avaient donc l'usage des testamens ; ils étaient même assujettis à certaines règles : ils ne pouvaient tester pendant la nuit ; ceux qui avaient des enfans, avaient toute liberté de disposer en leur faveur de la manière qu'ils le jugeaient à propos.[1] Ils pouvaient même faire des legs à des étrangers ; mais les immeubles légués ne pouvaient être possédés par les légataires que jusqu'à l'année du jubilé (*usque ad annum remissionis*) : après quoi ils revenaient aux enfans.[2]

Les Égyptiens reçurent l'usage des testamens, soit de leurs ancêtres, descendans de Cham, soit des Hébreux, qui demeurèrent en Égypte pendant plus d'un siècle.

Les législateurs grecs, qui avaient voyagé en Égypte, en empruntèrent les meilleures lois : aussi voit-on l'usage des testamens reçu à Athènes et dans les autres villes de la Grèce.[3]

Les Romains empruntèrent à leur tour des Grecs de quoi former la loi des XII Tables, qui autorise ces actes ; mais ils étaient connus à Rome dès sa fondation.

Toutes les autres nations policées ont aussi reçu l'usage des testamens, soit que les Romains les y eussent introduits, soit, comme il est plus probable, qu'ils y fussent connus auparavant.

Dans les Gaules, en particulier, ils étaient en usage, ainsi qu'on l'apprend de Marculfe, Grégoire de Tours et des Capitulaires.

La Convention nationale, que gênaient les grandes propriétés, et qui voulait introduire dans les fortunes la plus grande division possible, afin de pouvoir d'autant mieux tout asservir, proscrivit,

---

1 Deutéronome, chap. 1, vers. 16.
2 Joachim Stephani, *de jurisdict. lib. I, cap.* 10, N.° 25 *et sqq.*
3 Plutarque, dans la vie de Thésée.

par son décret du 7 Mars 1793, la faculté de disposer, soit entre-
vifs, soit par testament : loi absurde, qui, au nom de la liberté,
privait les citoyens du plus beau de leurs droits, et qui ne se sen-
tait que trop et des temps qui la virent naître, et des individus dont
elle émanait !

Une telle législation ne pouvait durer. A la première lueur du
rétablissement de l'ordre, les vrais principes reprirent quelque in-
fluence, et par la loi du 4 Germinal an VIII (29 Mars 1800) les
Français recouvrèrent la faculté de tester et de disposer entre-vifs.

Depuis cette loi jusqu'à la promulgation du Code civil, on dut
se conformer, en matière de testamens, aux ordonnances de 1731
et de 1735, dont un grand nombre de dispositions passèrent même
textuellement dans notre Code.

L'usage de disposer de ses biens par testament, est une suite na-
turelle du droit de propriété. On peut même dire qu'il dérive du
droit des gens, parce qu'il est hors de doute que cette manière de
disposer a été reçue tandis que l'on n'avait encore d'autres lois que
celles de la nature [1] ; mais les formes à observer dans la confection de ces actes ont dû nécessairement être réglées par les lois
civiles : c'est ce qu'elles ont fait avec le plus grand soin.

J'examinerai dans cette dissertation les diverses espèces de testamens, et j'essaierai de développer les formalités relatives à chacun d'eux.

Je diviserai mon travail en deux chapitres :

Je parlerai, dans le premier, des *formes introduites par le Droit
romain ;*

Je traiterai, dans le second, de *celles consacrées par la législation du Code civil,* dont je comparerai succinctement les dispositions avec celles de l'ordonnance de 1735.

---

[1] FURGOLE, tom. I.er, chap. 1.er, pag. 9.

CHAPITRE I.ᵉʳ

De la forme des diverses espèces de testamens, suivant le Droit romain.

Testamentum, in sensu lato, *est declaratio justa ultimæ voluntatis*, *de eo quod quis post mortem suam fieri velit : testamentum*, in sensu strictiori, est *declaratio ultimæ voluntatis, heredis institutionem complexa.* [1]

Testamenti factio est juris publici.

Olim duo genera testamentorum in usu erant : quorum altero in pace et otio utebantur, quod *calatis comitiis* appellabant; altero, cum in prælium ituri essent, quod *procinctum* dicebatur. [2]

Accessit deinde tertium genus testamentorum, quod per *æs et libram* dicebatur; constituebatur ergo familiæ emptor, cui testator, præsentibus quinque testibus, civibus romanis, antestato et libripende, familiam vel hereditatem venderet, adita nuncupatione solenni : *hæc, uti in tabulis cerisve scripta sunt, ita do, ita lego, ita testor; itaque vos, Quirites, testimonium præbitote.*

Postea ex edicto Prætoris forma alia faciendorum testamentorum introducta est : siquidem Prætor dabat *bonorum possessionem*, dummodo tabulæ non minus quam septem signis proferrentur.

I.

Jure novo testamenta dividuntur :

1.° In *publica*, quæ coram Principe aut Magistratu condita ipsisve oblata sunt;

2.° In *privata*, quæ illa publica auctoritate non sustinentur.

Testamentum *publicum* nullis solennitatibus eget.

---

1 L. 14, *Cod. de testam.; l. ult. ff. de jur. codicill.*
2 §. 1, *I. ut testam. ordin.*

Testamentum *privatum* quasdam requirit solennitates, quæ non, sine nullitatis periculo, prætermittendæ sunt. [1]

II.

Hæc testamenta vel *solennia* vel *minus solennia* sunt.

Privata *solennia* testamenta sunt vel *scripta* vel *nuncupativa*.

Utraque requirunt solennia, eaque vel *communia* vel *propria*.

Communia sunt : testium habilium præsentia et attestatio;

Unitas actus et contextus.

In testamento privato requiritur septem testium præsentia legitima.

Ut autem *legitima* fiat præsentia, necesse est :

1.° Ut testes sint specialiter rogati, vel saltem de testamenti factione certiores redditi;

2.° Ut testatorem audiant et videant;

3.° Ut habiles sint.

III.

Propria solennia testamenti *scripti* sunt :

1.° Ut testator vel ipse scribat tabulas (quod testamentum holographum vocatur), vel, si scribere nesciat, octavum subscriptioni testamenti testem adhibeat; [2]

2.° Ut septem testes sua nomina propria manu testamento subscribant, et signacula tabulis, sive suo, sive alieno annullo expressa apponant [3]. Hinc non est necesse, ut per testes contenta testamenti probentur, vel nomen heredis et reliqua testamenti sciant. [4]

Parum quoque interest qua lingua, quibusve verbis testator voluntatem suam exprimat, modo tale eligat scriptionis genus, quód legi et intelligi potest. [5]

---

1 L. 22, §. 4, *ff. Qui testam. fac. poss.*; L. 23, *C. de fid. commiss.*

2 L. 21 et 28 *C. de testam.*

3 L. 22 *C.*; §. 5 *I. h. t.*

4 L. 15 et 21; §. *ult. C. h. t.*

5 §. 12 *I. de testam. ord.*; L. 1, p. 1; L. 4, *ff. de bon. poss. sec. tab.*

IV.

Propria testamenti *nuncupativi* sunt :

1.° Ut testator heredem coram septem testibus *idoneis* et *rogatis* viva voce declaret, et legata reliquaque testamenti contenta palam pronuntiet. [1]

2.° Inde omnes testes linguam testatoris intelligere debent. Testamentum nuncupativum non mutatur in scriptum, si postea ea nuncupatio memoriæ causa in scripturam redacta fuerit. [2]

V.

Minus solennia seu privilegiata testamenta sunt ea, quibus omnes, seu nonnullæ, solennitates remissæ sunt.

Hæc testamenta sunt :

1.° *Testamentum militare*, quod est testamentum *ab iis conditum, qui in expeditione bellica sunt.*

In hoc testamento omnia, et sic quoque externa solennia, remissa sunt. Hinc nec continuitatem actus, nec testes solennitatis causa requirit ; sed *scriptum* ex sola militis scriptura sustinetur, modo quod scripserit miles, satis constet. [3]

Nuncupativum duos quidem testes, ast solum probationis causa, requirit, etiam non rogatos.

Unicum hujus testamenti essentiale requisitum est, ut miles *animo deliberato*, non fortuito sermone, heredem sibi nuncupet. [4]

Hoc testamentum vim suam amittit, si post missionem miles adhuc per annum vixerit ; minime vero, cessante periculo, aut finita expeditione. [5]

2.° *Testamentum parentum inter liberos*. Si parentes volunta-

---

1 L. 21; l. 26 C. h. tit.
2 Sichard in leg. 21, §. 2 C. h. t.
3 Pr. I. h. t.; L. 40, L. 15, C. eod.
4 L. 24, ff. ibid.
5 §. 5, I.; L. 26, ff. h. t.

tem suam ipsi scribunt, vel subscribunt tabulis, anno, mense, die unciisque perspicue expressis, testes non sunt necessarii.

Sin, per nuncupationem testantur, duo testes sufficiunt.[1]

3.° *Testamentum tempore pestis conditum.* In eo non omnia solennia remittuntur; sed sola unitas contextus, id est, simultanea testium præsentia, ob contagionis periculum remittitur.[2]

4.° *Testamentum ruri conditum.* In eo quinque sufficit testium subscriptio, si plures vel litterarum periti haberi nequeunt, quod tamdiu ac contrarium ab allegante non probatur, præsumitur : etiam valet, si unus testis nomina reliquorum subscripserit; vel si quinque testes sine omni subscriptione adhibiti fuerint.[3]

5.° *Testamentum in quo pia causa instituitur.* In eo omnia solennia remissa sunt : sufficit voluntatem constare testatoris.[4]

6.° *Testamentum posterius imperfectum.* Hoc heredes ab intestato priore præteriti ad successionem vocantur : *quinque testes sufficiunt.*[5]

Altera testamenti species est *codicillus*, qui est *declaratio ultimæ voluntatis, in qua heredis institutio directa deficit.*

Est minus solennis testatorum intestatorumve voluntas.

Est vel *scriptus*, vel *nuncupativus.*

Sufficiunt unitas actus et testium præsentia.

Codicilli possunt testamento confirmari : tunc testes non sunt necessarii.

Codicillum faciens non potest heredem directe instituere, substituere; verum fidei committere, legare, mortis causa donare[6] : unde codicillos plures quis facere potest, modo sibi invicem non adversentur.[7]

---

1 L. 21, §. 1 *C. de test.; Nov.* 107, *cap.* 1 ; *Arg.* L. 12, *ff. de testam.*
2 L. 8 *C. de testam.*
3 L. *ult. C. h. t.*
4 *Cap.* 11, *X. de testam.*
5 L. 21, §. *pen. C. de test.*
6 L. 2 *C. h. t.* — 7 §. 3 *I. h. t.*

CHAPITRE II.

Des dispositions testamentaires suivant le Code civil.

SECTION Ire

Des Règles générales sur la forme des testamens.

Le Code civil définit le testament : *un acte par lequel le testateur dispose, pour le temps où il n'existera plus, de tout ou partie de ses biens, et qu'il peut révoquer* (art. 895).

Cet article est entièrement contraire au Droit romain, suivant lequel personne ne pouvait décéder en partie testat, en partie ab intestat. *Nemo paganus partim testatus , partim intestatus decedere potest.*

Cette législation ne reçoit pas une moins forte atteinte par l'article 967, qui permet à chacun de disposer par testament, sous toute dénomination propre à manifester sa volonté.

Suivant le Droit romain, tout testament devait nécessairement contenir l'institution d'un héritier, ainsi qu'il résulte de la définition du testament, que j'ai donnée dans mon premier chapitre.

Notre Code reconnaît trois espèces de testamens :

1.° *Olographe ;*

2.° *Par acte public ;*

3.° *Mystique.*

Les six règles suivantes sont communes à chacun d'eux :

1.° Tout homme qui veut faire un testament, doit le faire séparément, et non conjointement avec une autre personne;

2.° Tout testament doit être rédigé par écrit ;

3.° Tout testament doit être signé;

4.° Tout testament doit être daté;

5.° On ne peut tester ni disposer à cause de mort par lettres missives;

6.° On ne peut tester par signes.

§. I.er

Du testament olographe.

Le testament olographe est celui qui est écrit en entier, daté et signé de la main du testateur : il n'est assujetti à aucune autre formalité (Cod. civ., art. 970).

Cette manière, si simple et si commode, de disposer, était peu connue dans les pays de Droit écrit.

L'Ordonnance de 1629 essaya de répandre partout cette institution, mais en vain. Ces testamens continuèrent à n'obtenir d'effet dans les provinces régies par le Droit romain, que pour les descendans du testateur.

L'Ordonnance de 1735, qui cependant a pour auteur l'illustre chancelier D'AGUESSEAU, crut devoir maintenir cette jurisprudence. Elle se contenta d'y porter quelques exceptions en faveur des militaires, et pour les pays attaqués de la peste.

Au milieu de toutes les solennités dont les Romains environnaient leurs testamens, un écrit privé ne leur paraissait pas mériter assez de confiance, et ce n'était que par respect pour la volonté des parens qu'ils avaient soumis leurs descendans à l'exécuter.

Notre Code civil a rendu ce testament commun à toute la France : il s'est contenté de prendre une précaution pour en constater l'état. Le testament olographe sera, avant d'être mis à exécution, présenté au président du tribunal de première instance de l'arrondissement dans lequel la succession est ouverte, lequel dressera un procès-verbal de l'état du testament, dont il ordonnera le dépôt chez un notaire qu'il commettra (Cod. civ., art. 1007).

§. II.

Du testament par acte public.

Notre Code exige que ce testament soit reçu par deux notaires en présence de deux témoins, ou par un notaire en présence de quatre témoins. Cet acte diffère par là du testament solennel de l'Ordonnance de 1735, qui ne requérait la présence d'aucun témoin, lorsque le testament était reçu par deux notaires, et seulement celle de deux, lorsqu'il était reçu par un seul notaire.

Le testament doit en outre être dicté au notaire ou aux deux notaires par le testateur, et il doit être écrit par l'un de ces officiers, tel qu'il est dicté.

Tel qu'il est dicté : deux questions se présentent ici.

1.° Si le notaire doit employer absolument les mêmes termes dont le testateur se sert, et dans le même ordre.

Les auteurs des Pandectes françaises [1] soutiennent que le notaire doit non-seulement se servir des mêmes expressions que le testateur, sans cependant être obligé de faire les fautes de grammaire que commettrait celui-ci dans sa dictée, mais qu'il est même obligé d'écrire les dispositions dans le patois dont le testateur fait usage.

M. DE MALEVILLE est d'un avis contraire [2]. Il pense que le notaire est seulement obligé de rendre exactement le sens des dispositions que le testateur lui dicte, et que c'est ainsi que les diverses lois qui ont exigé la dictée, ont toujours été entendues.

Je serais porté à adopter cette dernière opinion, surtout d'après l'article 3 de l'Ordonnance de 1539, qui veut que tous les actes publics soient écrits en français.

2.° Le notaire devant écrire les dispositions du testateur, telles qu'il les lui a dictées, comment les écrira-t-il lorsque le testateur ne sait pas le français, pas même le patois, mais seulement le provençal, l'allemand, le flamand, le bas-breton, ou la langue basque, etc. ?

Le notaire doit écrire, sans doute, le testament en français ; mais

---

[1] Pandectes françaises, tom. IX, pag. 19.
[2] Anal. du Code civil, t. II, observ. sur l'art. 972.

je crois, d'après un arrêt de la Cour de cassation, du 4 Mai 1809,
que le testateur peut dicter le testament dans sa langue.

Il doit être donné lecture au testateur en présence des témoins :
il est fait du tout mention expresse (Cod. civ., art. 972).

Plusieurs arrêts de la Cour de cassation ont décidé que la
mention, que la lecture a été faite au testateur et aux témoins, ne
remplit pas le vœu de cet article, qui exige que la lecture soit
faite en présence des témoins. [1]

La même Cour a aussi expressément décidé qu'il devait être
fait mention que le testament a été écrit par *tel notaire*, en le
désignant d'une manière précise. [2]

Ce testament doit être signé par le testateur ; et, dans le cas où
il déclarerait qu'il ne sait ou ne peut signer, il sera fait mention
expresse de sa déclaration, ainsi que de la cause qui l'empêche
de signer. (Code civil, art. 973 ; Ordonn. de 1735, art. 5.)

Le testament devra en outre être signé par tous les témoins ;
cependant la loi fait ici une exception en faveur des testamens
faits à la campagne. Dans le cas où il est reçu par deux notaires,
il suffit qu'un des deux témoins signe ; et dans celui où il est reçu
par un seul notaire, la signature de deux des témoins suffit.
(Code civ. art. 974.)

Le motif de cette disposition est que, l'instruction étant plus
rare dans les campagnes que dans les villes, la moitié des témoins
peut être des personnes illettrées.

L'Ordonnance de 1735 admettait la même exception (art. 45).

Le testament ne pourra être écrit par le clerc du notaire, la loi
ordonnant expressément que le notaire écrira de sa main les dernières volontés du testateur (Code civ., art. 972).

---

1 Arr. du 13 Septembre 1809, 25 Mai 1810, 10 Juin, 24 Juin 1811, et
6 Mai 1812.

2 Arr. du 10 Thermidor an XIII, du 19 Frimaire an XIV et du 9 Juillet 1806.

Ceci résulte aussi évidemment de l'Ordonnance de 1735.

L'article 23 porte que « les notaires ou tabellions écriront les « dernières volontés du testateur, telles qu'il les dictera. »

Trois arrêts du Parlement de Paris ont, en conséquence de la disposition de cet article, déclaré nuls des testamens que les notaires avaient fait écrire par leurs clercs. [1]

Deux arrêts du Parlement de Toulouse, l'un du 2 Septembre 1746, l'autre du 28 Août 1742, ont jugé de la même manière.

Enfin, trois déclarations, des 24 Mars 1745, 26 Janvier 1751 et 6 Mars suivant, défendent aux notaires, dans les termes les plus exprès, de faire écrire les testamens par leurs clercs.

Les curés séculiers et réguliers avaient aussi, d'après les dispositions de la plupart des coutumes, le droit de recevoir des testamens, privilége qui leur fut conservé par l'Ordonnance de 1735 (article 25); mais ils devaient appeler avec eux deux témoins (*ibidem*).

Néanmoins cette Ordonnance déroge en même temps à un grand nombre de coutumes, qui permettaient aux vicaires, aussi bien qu'aux curés, de recevoir des testamens. Parmi ces coutumes on peut surtout ranger celle de Paris (art. 289).

L'Ordonnance précitée, après avoir aboli expressément les testamens nuncupatifs proprement dits (art. 1.ᵉʳ), permet de disposer par testament nuncupatif *écrit*, dans les pays où cette forme de disposer est en usage (art. 4).

L'article 5 énumère les formalités que l'on doit observer dans ce testament; les voici:

« Le testateur prononcera intelligiblement toutes ses disposi-

---

1 Arr. du 9 Décembre 1740; du 27 Août 1742; du 3 Septembre même année. Furgole, tom. I.ᵉʳ, chap. 2, sect. 3; Serres, Instit. au Droit français, liv. 2, tit. 10.

« tions, en présence au moins de sept témoins, y compris le
« notaire ou tabellion, qui écrira lesdites dispositions à mesure
« qu'elles seront prononcées par le testateur ; après quoi sera fait
« lecture du testament entier audit testateur, de laquelle lecture
« il sera fait mention par ledit notaire ou tabellion; et le testa-
« ment sera signé par le testateur, ensemble par le notaire ou
« tabellion, et par les autres témoins, le tout de suite et sans
« divertir à autres actes ; et en cas que le testateur déclare qu'il
« ne peut ou ne sait signer, il en sera fait mention. »

L'article 7 de l'Ordonnance permet aussi aux aveugles ce mode
de tester ; mais il statue qu'il sera appelé un témoin de plus, lequel signera le testament avec les autres témoins.

Quant aux *codiciles*, comme étant moins solennels que les
testamens, on se contentait de la présence de cinq témoins, y
compris le notaire (Ordonnance de 1735, art. 14). Il y avait
même des coutumes où un moindre nombre suffisait.

§. III.

Du testament mystique ou secret.

Le Code civil n'a fait que copier ici, presque littéralement, pour
les formes à observer dans ce testament, l'Ordonnance de 1735
(aux articles 9, 10, 11 et 12), qui elle-même en a tiré les principales dispositions de la fameuse loi 21, *Hac consultissima* (*Cod.
de testam.*). Il était ignoré, ou du moins peu connu, dans la plupart des pays coutumiers.

Ses formalités sont les suivantes :

1.º Le testateur doit le signer, soit qu'il l'ait écrit, soit qu'il
l'ait fait écrire par un autre.

Il y a une exception à cette règle : c'est lorsque le testateur ne
sait pas signer, ou qu'il n'a pu le faire au moment où il l'a fait
écrire ; il doit alors être appelé un témoin, lequel signera le tes-

tament avec les autres témoins ; il sera fait mention de la cause pour laquelle ce témoin aura été appelé (Cod. civ., art. 977).

2.° Le papier sur lequel le testament est écrit, ou celui qui servira d'enveloppe, s'il y en a une, sera clos et scellé.

Il s'élève ici la question de savoir si le sceau du testament doit être empreint du cachet ordinaire du testateur. La Cour de cassation a décidé la négative : il peut être empreint d'un cachet quelconque, d'une pièce de monnaie, par exemple, ou de tout autre objet. [1]

Les lois romaines portaient à peu près la même disposition. [2]

3.° Le testateur le présentera, ainsi clos et scellé, au notaire, et à six témoins au moins, ou il le fera clore et sceller en leur présence.

4.° Il devra déclarer que le contenu en ce papier est son testament, écrit et signé de lui, ou écrit par un autre et signé de lui, ou écrit par un autre et non signé.

5.° Le notaire en dressera l'acte de suscription écrit sur ce papier ou sur la feuille servant d'enveloppe, lequel acte sera signé de lui et des témoins.

On demande si la signature de tous les témoins est nécessaire pour les testamens faits à la campagne.

M. de MALEVILLE[3] et les auteurs des Pandectes françaises[4], se fondant sur ce que la loi ne le prescrit qu'à la moitié des témoins dans les testamens par acte public faits à la campagne, prétendent que l'on doit, par parité de raisons, appliquer également cette disposition aux testamens mystiques ; mais un arrêt de la Cour de cassation, du 20 Juillet 1809, a décidé textuellement que *les six*

---

1 Arrêt du 7 Août 1810.
2 *L.* 12 *Cod.;* §. 3, *I. h. t.*
3 Analyse du Cod. civ., tom. II, pag. 451.
4 Pandectes franç., tom IX, pag. 35.

témoins appelés à l'acte de suscription d'un testament mystique
doivent tous signer, à peine de nullité du testament.

L'article 45 de l'Ordonnance de 1735 se contentait, dans cette
circonstance, comme je l'ai déjà observé plus haut, de la signature de deux témoins.

6.° Toutes les opérations ci-dessus devront être faites de suite,
et sans divertir à d'autres actes. (Code civ., art. 976.)

S'il est survenu au testateur, depuis la signature du testament,
un accident qui l'empêche de signer l'acte de suscription,
la mention de la déclaration qu'il en aura faite, suffira, et il ne
sera pas nécessaire d'augmenter le nombre des témoins. (Art. *idem.*)

Comme il faut que le testateur puisse au moins s'assurer que
celui qui a écrit ses dernières dispositions, les a fidèlement rédi-
gées, il s'ensuit que celui qui ne sait ou ne peut lire, ne peut
faire de testament mystique (art. 978). Un aveugle ne pourra, par
conséquent, disposer de cette manière.

Celui qui ne peut parler, mais qui sait écrire, pourra faire un
testament mystique ; mais il faudra,

1.° Que le testament soit entièrement écrit, daté et signé de
sa main ;

2.° Qu'il le présente ainsi au notaire et aux témoins, et écrive
en leur présence, que le papier qu'il leur présente, est son testament.

3.° Le notaire devra écrire l'acte de suscription, qui contiendra
la déclaration que le testateur a écrit ces mots en présence du notaire et des témoins. Enfin toutes les formalités prescrites par l'article 976 devront être également observées.

Les témoins appelés pour les testamens, doivent être mâles,
majeurs, sujets du Roi, et jouissant des droits civils. (Art. 980.)

L'article 40 de l'Ordonnance fait ici une exception en faveur du
testament militaire, dans lequel elle permet de prendre pour té-

moins des étrangers *non notés d'infamie;* exception que notre Code a supprimée avec raison.

Il faut de plus observer que l'on ne peut prendre pour témoins, dans un testament par acte public, ni les légataires, à quelque titre qu'ils le soient, ni leurs parens ou alliés jusqu'au quatrième degré inclusivement, ni les clercs des notaires par lesquels le testament est reçu. (Art. 975.)

L'Ordonnance range également au nombre des incapables, les serviteurs ou domestiques du notaire; elle étend même cette incapacité à tous les testamens. (Art. 42.)

L'article 43 défend aux héritiers institués ou substitués d'être témoins en aucun cas; et elle ne le permet aux légataires universels ou particuliers que pour l'acte de suscription du testament mystique.

SECTION II.

Des règles particulières sur la forme de certains testamens.

Le législateur a cru devoir retrancher de ces testamens quelques-unes des solennités requises pour les testamens ordinaires: les motifs qui l'y ont déterminé, sont la difficulté et souvent l'impossibilité que rencontreraient, dans l'exécution de la loi, les testateurs obligés, par la force des circonstances, de disposer de cette manière.

Ces testamens privilégiés sont au nombre de quatre:

1.° Le testament *militaire;*

2.° Celui fait *en voyage maritime;*

3.° Celui fait *dans un pays attaqué d'une maladie contagieuse;*

4.° Le testament fait *en pays étranger.*

§. Ier

Du testament militaire.

Le testament *militaire* est *celui fait par un militaire ou par un individu employé dans les armées.*

Il peut, en quelque pays que ce soit, être reçu par un chef de bataillon ou d'escadron, ou par tout autre officier d'un grade supérieur, en présence de deux témoins, ou par deux commissaires des guerres, ou par un de ces commissaires en présence de deux témoins. (Code civ., art. 981.)

Si le testateur est malade ou blessé, son testament pourra être reçu par l'officier de santé en chef, assisté du commandant militaire chargé de la police de l'hospice. (Art. 982.)

Ces dispositions ne concernent point les militaires en quartier ou en garnison dans l'intérieur; ils sont tenus de tester dans les formes ordinaires : elles ne sont applicables qu'à ceux qui se trouvent en expédition militaire, ou en garnison, ou en quartier hors du territoire du royaume, ou prisonniers chez l'ennemi ; et à ceux qui, dans l'intérieur même de la France, se trouvent dans un lieu quelconque dont les communications sont interrompues à cause de la guerre. (Art. 983.) Cette faveur n'étant accordée, dans ces circonstances, aux militaires et autres employés dans les armées, qu'à cause de l'impossibilité où ils sont de tester suivant le droit commun, le testament militaire deviendra nul six mois après que le testateur sera revenu dans un lieu où il aura la liberté d'employer les formes ordinaires. (Art. 984.) *Cessante causa, cessat effectus.*

Les formes prescrites par l'Ordonnance de 1735 n'offrent que très-peu de différence avec celles réglées par notre Code civil. Elle permet au militaire de disposer en présence de deux notaires, ou en présence d'un notaire et de deux témoins (art. 27). Les auteurs des Pandectes françaises [1] croient que cette disposition ne se trouve pas abrogée par le silence de notre Code, les notaires étant les officiers naturels des testamens : je pense, cependant, qu'il

---

[1] Pandectes franç., tom. IX, p. 51.

faudrait observer dans ce cas les dispositions de l'article 972, qui prescrit les formes à observer dans les testamens par acte public.

L'Ordonnance précitée permet également aux aumôniers des troupes de recevoir les testamens des testateurs malades ou blessés, lors même que ces aumôniers seraient réguliers.

§. III.

Du testament fait en voyage maritime.

Les personnes qui peuvent tester de cette manière, sont les membres de l'équipage du bâtiment, et même les simples passagers. (Code civil, article 995.)

Ce testament doit être fait *dans le cours d'un voyage sur mer.*

Ceux qui peuvent le recevoir, sont :

A bord des bâtimens du Roi ; l'officier commandant le bâtiment, ou, à son défaut, son suppléant dans l'ordre du service, assisté, l'un ou l'autre, de l'officier d'administration ou de celui qui en fait les fonctions ;

A bord des bâtimens de commerce ; l'écrivain du navire ou son suppléant, conjointement avec le capitaine, le maître ou le patron, ou leur suppléant.

Dans tous les cas, ce testament devra être reçu en présence de deux témoins, qui signeront le testament avec le testateur. Dans le cas où celui-ci ne saurait ou ne pourrait signer, il en sera fait mention. L'un des témoins, au moins, doit nécessairement signer, et mention doit être faite de la cause pour laquelle l'autre n'aura pas signé. (Art. 988, 998.)

Si le testateur lui-même est un de ceux désignés ci-dessus pour recevoir les testamens, le sien est reçu par celui qui vient après lui dans l'ordre du service, en se conformant pour le surplus aux dispositions précédentes. (Art. 989.)

Le testament devra être fait en double original : l'un sera remis, clos et scellé, au Consul français qui se trouvera dans le port étranger où le vaisseau abordera ; celui-ci doit le faire parvenir au Ministre de la marine, lequel en fera faire le dépôt au greffe de la justice de paix du domicile du testateur. (Art. 990, 991.)

Au retour du bâtiment en France, les deux originaux du testament, clos et cachetés, ou celui qui reste, doivent être remis au bureau du préposé à l'inscription maritime ; ce préposé les fera passer sans délai au Ministre de la marine, qui les fera également déposer au greffe de la justice de paix du domicile du testateur. (Art. 992.)

Il doit être fait mention sur le rôle du bâtiment, à la marge, du nom du testateur, de la remise desdits originaux, soit dans un port français, soit dans un port étranger, c'est-à-dire, dans le premier cas, au bureau du préposé à l'inscription maritime, et dans le second, entre les mains d'un Consul. (Art. 993.)

Ce testament ne sera valable qu'autant qu'il y a eu impossibilité de trouver un Officier public français. (Art. 994.)

Il faut aussi observer :

1.° Qu'il ne peut contenir aucune disposition au profit des Officiers du vaisseau, à moins qu'ils ne soient parens du testateur (art. 997) ;

2.° Qu'il n'est valable qu'autant que le testateur décède en mer, ou dans les trois mois après qu'il a débarqué dans un lieu où il avait la faculté de tester suivant les formes ordinaires (art. 996).

L'Ordonnance de 1735 ne parle point des testamens faits sur mer ; les formes de ce testament sont réglées par l'Ordonnance de la marine du mois d'Août 1681. Elle porte (liv. 3, titre 11, article 1.er), que « les testamens faits sur mer par ceux qui décéderont dans les voyages, seront réputés valables, s'ils sont écrits et signés de la main du testateur ; si celui-ci ne sait ou

« ne peut signer, il en sera fait mention. » Elle ajoute (art. 8)
« qu'aucun ne pourra, par testament ainsi passé devant l'écrivain,
« disposer d'autre chose que des effets qu'il aura dans le vaisseau
« et des gages qui lui scront dûs. »

§. III.

Du testament fait dans un lieu attaqué d'une maladie contagieuse.

Ceux qui se trouvent dans un lieu avec lequel toute commu-
nication est interceptée pour raison de maladie contagieuse, peuvent, quand même ils n'en seraient pas encore attaqués, faire
leur testament devant le Juge de paix ou devant l'un des Officiers
municipaux de la commune, l'un ou l'autre assisté de deux témoins : les signatures auront lieu comme dans le cas du testament militaire. (Code civil, art. 986, 995, 998.)

Ces testamens deviendront nuls, six mois après que les communications auront été rétablies dans le lieu où le testateur se
trouve, ou six mois après que le testateur aura passé dans un
lieu où elles ne seront point interrompues. (Art. 987.)

Les principales différences, quant aux formalités à observer pour
la confection d'un testament fait dans un lieu infecté de la peste,
prescrites par notre Code civil, et celles requises par l'Ordonnance
de 1735, portent sur les Officiers préposés pour recevoir les dernières dispositions du testateur.

§. IV.

Du testament fait en pays étranger.

Le Français peut tester en pays étranger avec les formes usitées
dans le pays où il se trouve. Il pourra faire partout un testament
olographe, même dans les lieux où cette forme de tester ne

serait pas en usage. (Code civil, art. 999.) La règle *locus regit actum* ne s'applique point aux actes sous signature privée.

Dans tous les cas, son testament ne peut être exécuté sur ses biens situés en France, qu'après avoir été enregistré au bureau de son dernier domicile connu en France ; s'il n'a pas conservé de domicile, et dans le cas où il aurait disposé d'immeubles qui y sont situés, il faudra en outre que le testament soit enregistré au bureau de la situation de ces immeubles. (Art. 1000.)

RÉSUMÉ.

Tout est de rigueur dans les dispositions de dernière volonté ; rien de ce qui est relatif à leur solennité et à leur authenticité, ne doit être laissé à l'arbitraire : aussi la loi menace-t-elle de la nullité tout testament dans lequel toutes les formalités auxquelles chacun de ces actes est assujetti, tant par la présente section que par la précédente, ne seraient pas exactement observées. (Code civ., art. 1001.)

FIN.

www.ingramcontent.com/pod-product-compliance
Lightning Source LLC
Chambersburg PA
CBHW070150200326
41520CB00018B/5364